BEI GRIN MACHT SICH IHR WISSEN BEZAHLT

- Wir veröffentlichen Ihre Hausarbeit,
  Bachelor- und Masterarbeit

- Ihr eigenes eBook und Buch -
  weltweit in allen wichtigen Shops

- Verdienen Sie an jedem Verkauf

Jetzt bei www.GRIN.com hochladen
und kostenlos publizieren

Daniel Hack

Innovationen und IT-Sicherheit

Innovationen und Sicherheit von RFID-Systemen

GRIN Verlag

Bibliografische Information der Deutschen Nationalbibliothek:

Die Deutsche Bibliothek verzeichnet diese Publikation in der Deutschen National-
bibliografie; detaillierte bibliografische Daten sind im Internet über http://dnb.d-
nb.de/ abrufbar.

Impressum:

Copyright © 2008 GRIN Verlag GmbH
Druck und Bindung: Books on Demand GmbH, Norderstedt Germany
ISBN: 978-3-640-58174-0

Dieses Buch bei GRIN:

http://www.grin.com/de/e-book/147365/innovationen-und-it-sicherheit

GRIN - Your knowledge has value

Der GRIN Verlag publiziert seit 1998 wissenschaftliche Arbeiten von Studenten, Hochschullehrern und anderen Akademikern als eBook und gedrucktes Buch. Die Verlagswebsite www.grin.com ist die ideale Plattform zur Veröffentlichung von Hausarbeiten, Abschlussarbeiten, wissenschaftlichen Aufsätzen, Dissertationen und Fachbüchern.

Besuchen Sie uns im Internet:

http://www.grin.com/

http://www.facebook.com/grincom

http://www.twitter.com/grin_com

INNOVATIONEN UND SICHERHEIT

Sicherheit von RFID-Systemen

INTEGRATIONSSEMINAR

WIRTSCHAFTSINFORMATIK / FEIM

Lehrstuhl für Allgemeine Betriebswirtschaftslehre und

Wirtschaftsinformatik II (Unternehmenssoftware)

von: Daniel Hack

Inhaltsverzeichnis

Abkürzungsverzeichnis

bzw.	beziehungsweise
BDSG	Bundesdatenschutzgesetz
i.e.S.	im engeren Sinne
Sog.	so genannt
SQL	Structured Query Language
z. B.	zum Beispiel

Abbildungsverzeichnis

1. Einleitung

Bereits vor einigen Jahren wurde erkannt, dass sich die Technologie zur Identifikations- und Kennzeichnung von Gütern bzw. Waren in einem nachhaltigen Umbruch befindet. Die zukunftsweisende Branche dieser Technologie ist vor allem der Handel bzw. die großen Einzel- und Großhändlerunternehmen. Um ihre Liefer- und Produktionsprozesse zu optimieren, setzen sie RFID ein. Diese Prozesse sind nur dann effizient genug, wenn Partnerunternehmen über die gleiche Technologie verfügen.[1] Das heißt also, wenn diese Prozesse aufeinander abgestimmt sind und die Schnittstellen zwischen den Unternehmen funktionieren.

Die rasche Innovationsgeschwindigkeit der technologischen Entwicklung kann als ein wichtiger Einflussfaktor auf die Wettbewerbsbedingungen interpretiert werden. Der treibende Faktor hierfür ist die Informations- und Kommunikationstechnologie. Wichtige Eigenschaften der technologischen Entwicklung sind zunehmende Wissensintensität und eine steigende Komplexität der Forschung. Dies setzten disziplinenübergreifende Lösungen und eine enge Zusammenarbeit zwischen den einzelnen Akteuren voraus.[2]

Die rasche Kommunikation digital gespeicherter Daten in großen Netzwerken über eine immer größer werdende Masse an Akteuren charakterisiert eine Informations- und Wissensgesellschaft. Es besteht ein Wandel von der Mensch-Maschine-Kommunikation zur Vernetzung und Kommunikation zwischen Maschinen, ohne Interaktion des Menschen. Diese Arbeit soll dies verdeutlichen und die damit verbundenen Risiken aufzeigen.

Darauf basierend sind Ubiquitäres Computing oder Pervasive Computing entstanden, wobei Ubiquitäres Computing eine allgegenwärtige und unaufdringliche Technikvision beschreibt. Dies lässt das heutige Erscheinungsbild des Computers verblassen und die „smarten Objekte", die direkt miteinander kommunizieren rücken in den Vordergrund.[3]

---

[1] vgl. Vogt (2005), S. 14, URL siehe Literaturverzeichnis
[2] vgl. Burr (2005), S 349 f
[3] vgl. Bundesamt für Sicherheit in der Informationstechnik (2004), S. 22

1.1 Begriffliche Grundlagen

Nachfolgend werden die drei zentralen Begriffe Technologie, Innovation und RFID erläutert, die für diese Arbeit von zentraler Bedeutung sind.

1.2 Technologie

Technologie verbindet Theorie und Praxis. Wenn ein bestimmtes Wissen zur Lösung einer praktischen Aufgabe benötigt wird, kann von Technologie gesprochen.[4] Der so interpretierte Technologiebegriff beinhaltet Verfahrensregeln und Handlungsanleitungen, die empfohlen werden, um erfolgreich gewisse Ziele zu erreichen. Grundsätzlich werden drei verschiedene Arten von Technologien unterschieden: Basis-Technologien, Schlüssel-Technologien und Schrittmacher-Technologien.[5]

Basis-Technologien befinden sich bereits im Markt und müssen von Konkurrenten als Grundprämisse für eine Teilnahme am Wettbewerb beherrscht werden.

Schlüssel-Technologien sind bereits etabliert und ermöglichen den Unternehmen schon heute große Wettbewerbsvorteile.

Die Durchsetzung der Schrittmacher-Technologien am Markt ist nicht mit hundertprozentiger Sicherheit vorhersehbar, sie geben den Unternehmen aber Hoffnung auf große Wettbewerbsvorteile gegenüber anderen Unternehmen.[6] Die RFID-Technologie wäre hierbei in die Schlüssel-Technologie, weil diese schon größtenteils etabliert ist und Konzerne ebenso Wettbewerbsvorteile daraus gewinnen.

1.3 Innovation

In der Literatur sind sehr viele Definitionen unter dem Begriff Innovation bzw. Invention zu finden. Eine neue Idee über etwas, was es bisher nicht gab, kann näherungsweise als Invention interpretiert werden. Als Beispiel kann eine technische Erfindung genannt werden, bei der Forschung und Entwicklung vorausgegangen sind. Wird diese Invention ökonomisch genutzt, z.B. in Form eines marktfähigen Produktes, so kann von einer Innovation (i.e.S.) gesprochen werden. Allerdings wird i.w.S unter Innovation der Gesamtprozess der Innovation sowie Invention i.e.S. verstanden.[7]

---

[4] vgl. Specht/Beckmann (1996), S. 14
[5] vgl. Brockhoff (1999), S. 33 f.
[6] vgl. Gerybadze (2002), S. 67
[7] vgl. Specht/Beckmann (1996), S. 15

Darüber hinaus wird zusätzlich zwischen Prozess- und Produktinnovation unterschieden.

Eine passende Definition hierzu liefert Hauschildt: „Die Produktinnovation offeriert eine Leistung, die dem Benutzer erlaubt, neue Zwecke zu erfüllen oder vorhandene Zwecke in einer völlig neuartigen Weise zu erfüllen" [8]. Diese Definition ist hier im Kontext passend, weil es auf die RFID-Technologie anwendbar ist. RFID ermöglicht Benutzern neue Zwecke zu erfüllen bzw. die heutigen Nutzungsmöglichkeiten auf einer anderen Art und Weise auszuschöpfen.[9]

Ist die Produktion eines Gutes effizienter, wird dies als Prozessinnovation bezeichnet.[10]

Innovationen sind wichtig, da die Wettbewerbsfähigkeit vieler Unternehmen von der bedarfsgerechten Anwendung spezifischer Technologien abhängt. Unternehmen müssen ihre Aktionszeiten verkürzen, um nicht von der steigenden Geschwindigkeit des Wandels erdrückt zu werden, unabhängig davon welche Art der Technologie sie einsetzen. [11]

1.4 RFID

Die Abkürzung RFID steht für Radio Frequency Identification[12] verstanden und „bezeichnet Verfahren um Objekte über gewisse Entfernungen berührungslos zu identifizieren."[13] Diese kleinen Funkchips werden entweder Tags oder Transponder genannt. Hierbei werden Daten per Funk von einem RFID-Tag, der sich auf einem zu erkennendes Objekt befindet, und einem Empfänger übertragen.[14]

Die meisten RFID-Anwendungen sind bisher im Logistikbereich beheimatet.[15] Für den technologischen Wandel von Prozessen sind sie heutzutage nicht mehr wegzudenken.[16]

---

[8] Hauschildt (1997), S. 9
[9] ebenda, S. 10
[10] ebenda, S. 10
[11] vgl. Higgins (1998), S. 3
[12] vgl. Hunt (2007), S.1
[13] Bundesamt für Sicherheit in der Informationstechnik (2004), S.23
[14] vgl. Oberholzer (2003), S. 142
[15] vgl. RFID Support Center (o.J. a), S.9, URL siehe Literaturverzeichnis
[16] vgl. Acatech (2006), S.5

2. Eigenschaften von RFID

RFID-Systeme können aufgrund ihrer markanten Eigenschaften gut charakterisiert werden. Ihre Ausführung und Klassifizierung erfolgt durch die Funktionsmerkmale der Transponder, in Bezug auf die Energieversorgung, Beschreibbarkeit und Daten-speicherung) sowie dem Lese-/Erfassungsgerät.

Der Begriff „Transponder" setzt sich aus zwei Wörtern zusammen: Transmitter und Responder.[17] RFID-Transponder sind mit RFID-Tags gleichzustellen und bestehen aus einem Chip und einer Empfangsantenne.[18]

Die Hauptaufgabe eines Transponders ist die Datenspeicherung – und übermittlung zu einem Lesegerät.[19] Die Vielzahl der Bauarten von Transpondern hängt sowohl von der verwendeten Technologie als auch vom Einsatzgebiet ab.

Abbildung 1 zeigt die am meisten verbreiteten Smart Labels. Die Antenne ist hier bei auf der Klebefolie angebracht.

In der Industrie werden die so genannten Tags in Kunststoffe verarbeitet, um sie ge-gen Beschädigungen bzw. Umwelteinflüsse zu schützen.[20]

Die klassische Anwendung eines Transponders ist abhängig von seiner Sendefre-quenz (Reichweite) und von seinem Preis.[21] Die RFID-Tags werden z.B. auf Einzel-produkten, Paletten[22] oder Kartonverpackungen aufgeklebt werden.[23]

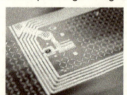

Abbildung 1: RFID Smart Label [24]

Für den Betrieb des Transponders sowie das Senden von Daten, ist diese Art der Engergierversorgung von sehr großer Bedeutung.

Es wird allgemein zwischen aktive, semi-aktive und passive RFID-Tags unterschie-den. Aktive Transponder besitzen eine eigene interne Energiequelle in Form einer

---

[17] vgl. Gaßner u.a. (2006), S.11
[18] vgl. Gillert u.a. (2007), S.145
[19] vgl. Hunt u.a. (2007), S.6
[20] vgl. Lampe u.a. (2005), S.71f
[21] vgl. Pflaum (2006), S.25f
[22] vgl. Seifert (2006), S.370
[23] vgl. Acatech (2006), S.8
[24] Infineon (o.J.), URL siehe Literaturverzeichnis

kleinen Batterie[25] und sind fähig Daten aktiv zu senden. Bei Bedarf führen sie sogar Rechenprozesse durch.[26] Der Sende- und Empfangsvorgang entleert die Batterie, dies ist auch unter anderem der Grund, wieso die Lebensdauer begrenzt ist.[27] Je nach Betriebsanforderung lässt sich die Rechweite von ca. drei Millimetern bis etwa über 100 Metern einstellen.[28]

In der Logistik werden typischerweise passive Tag verwendet.[29] Die meist robusteren passiven RFID-Tags werden mit Energie aus dem Empfangsbereich des Lesegeräts versorgt.[30] Ihre Vorteile spiegeln sich in ihrer Größe, Preis und Lebensdauer wider. Dafür haben sie eine erheblich kürzere Reichweite als aktive Tags.[31] Die Gruppe der Semi-aktiven Transponder haben, wie die aktiven, eine eigene Energiequelle. Sie haben den Vorteil der passiven Tags der hohen Lebensdauer[32], da nur für die Verarbeitung der Daten die eigene Energie benötigen. Zum Senden und Empfangen nutzen sie die Feldenergie.[33] Diese Chips werden ausschließlich aktiv, wenn sie von Lesegeräten angeregt werden. Dies erfolgt durch Induktion.[34] In Tabelle 1 werden wesentliche Eigenschaften der verschiedenen Transpondertypen gegenübergestellt.

Merkmale/System	Passiv	Semi-aktiv	Aktiv
Lesedistanz	Gering	Gering	Groß
Lesezuverlässigkeit	Hoch	Sehr hoch	Sehr hoch
Lebensdauer	Lang	Mittel	Kurz
Speicherkapazität	Gering	Hoch	Hoch
Bauform	Klein	Mittel	Groß
Sensorik	Nicht möglich	Möglich	Möglich
Kosten	Gering	Mittel	Hoch

Tabelle 1: Charakteristika von Transpondern [35]

---

[25] vgl. Lampe u.a. (2005), S.73
[26] vgl. Gaßner u.a. (2006), S.13
[27] vgl. Lolling (2003), S.83
[28] vgl. Gillert u.a. (2007), S.150
[29] vgl. Gillert u.a. (2007), S.150
[30] vgl. Lampe u.a. (2005), S.73
[31] vgl. Gillert u.a. (2007), S.150
[32] vgl. Lolling (2003), S.83
[33] vgl. Lampe u.a. (2005), S.73
[34] vgl. Gillert u.a. (2007), S.150
[35] Melski (2006), S.10

6

1.5 Lesegeräte

Ein RFID-Lesegerät setzt sich aus folgenden Komponenten zusammen: einer Schreib- und Leseeinheit sowie einer Antenne.

Über eine Schnittstelle kommuniziert das Lesegerät mit den Transponder(n). Voraussetzung für diese Kommunikation ist, dass sich das Lesegerät und der Transponder in Reichweite zueinander befinden.[36] Wichtige Aufgaben des Lesegeräts sind:

* Aktivierung des Transponders
* Aufbau einer Kommunikation mit dem Transponder
* Übertragung der Daten zwischen der Software und dem Datenträger.[37]

Die Daten, die sich auf dem Transponder befinden können mit dem Lesegerät ausgelesen und nach Bedarf verändert und erweitert werden.

Über eine Schnittstelle zum einem Computersystem, können diese Daten dann übertragen und dort weiterverarbeitet werden.

1.6 Betriebsfrequenz

Aus der Sendefrequenz bzw. Betriebsfrequenz von RFID-Systemen resultiert die Reichweite des Gesamtsystems.[38] Die Kommunikation zwischen Lese- bzw. Schreibgeräten und Transpondern erfolgt über das ISM-Band (Industrial, Scientifical, Medical). Dieser Frequenzbereich wird für industrielle, wissenschaftliche und medizinische Anwendungen verwendet.

Für die Übertragung von Daten nutzen RFID-Systeme unterschiedliche Frequenzen.[39] Weltweit haben sich folgende Frequenzen für die kommerzielle Nutzung etabliert:

* <135 kHz,
* 13,56 MHz und
* 869 bzw. 915 MHz.[40]

Die Datenübertragung erfolgt über elektromagnetische Wellen und benötigt keinen optischen oder mechanischen Kontakt. Objekte werden problemlos auch durch Ver-

---

[36] vgl. Schmidt (2006), S.33
[37] vgl. Finkenzeller (2006), S.355
[38] vgl. Finkenzeller (2006), S.13
[39] vgl. Zahn (2007), S.19
[40] vgl. Bundesamt für Sicherheit und Informationstechnik (2004), S.28

7

packungen hindurch identifiziert. Die Identifikation von Objekten erfolgt auf Basis von programmierbaren und fest codierten Datenträgern.[41] Die benötigten Daten werden grundsätzlich auf einem Chip (integrierter Schaltkreis) gespeichert. Wird dieser Chip von Schreib-/Lesegeräten angeregt, sendet oder empfängt es Daten, die über elektromagnetische Felder übertragen werden.[42]

3. RFID-Systeme

Alle technischen Details eines RFID-Systems hier zu erläutern ist nicht das Ziel dieser Arbeit und würde den Rahmen bei Weitem sprengen. Es ist durchaus wichtiger Einblicke über die betriebswirtschaftlichen Potenziale und Probleme dieser Technologie zu gewinnen.[43] In Abbildung 2 ist ein RFID-System schematisch dargestellt. RFID-Systeme haben den Zweck, die virtuelle Welt besser in die reale Welt zu integrieren.[44]

RFID-Systeme eignen sich in Unternehmen, wo der Transport, die Überwachung, Registrierung und Erkennung automatisch abläuft. Diese Systene werden in viele Varianten angeboten.[45]

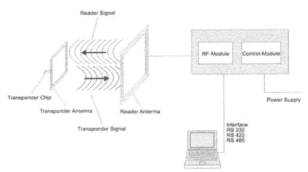

Abbildung 2: RFID-System[46]

Daten aus der „realen Welt" werden über eine Schnittestelle in die Software eines Computersystems übertragen und dort verarbeitet. Der Rechner kommuniziert über

---

[41] vgl. Lolling (2003), S.80 f
[42] vgl. Schulte (2005), S.92
[43] vgl. Melski (2006), S.7f
[44] vgl. Fleisch, E. (2001), S. 12, URL siehe Literaturverzeichnis
[45] vgl. Bundesamt für Sicherheit in der Informationstechnik (2004), S. 15
[46] Emerald Group Publishing Limited (o.J.), URL siehe Literaturverzeichnis

Befehle mit dem Lesegerät, das wiederum Antworten zurückschickt. Die weitere Kommunikation mit den Tags übernimmt nur das Lesegerät, welches mit beiden Medien (Computer und Transponder) in Verbindung steht.[47] Alle sich im Empfangsradius befindenden Transponder empfangen „Order" und senden Antworten zurück.[48]

4. Kritische Masse des Lock-in-Effects

Umso größer die Anzahl der Anwender von RFID, desto wahrscheinlicher ist es, dass Konkurrenten ebenfalls in den Markt eindringen. Wird von den Gesamtanwendern eine bestimmte Masse aufgrund der gestiegenen Nachfrage erreicht, kritische Masse, erfolgt eine weitere Adaption der RFID-Technologie. Der Ausstieg aus der kritischen Masse nach der Einführung der neuen Technologie, die bereits zum Standart geworden ist, wird unwirtschaftlich für Unternehmen (sog. sunk costs), sodass es sich nicht rentiert aus der Technologie auszusteigen. Dieser Sachverhalt nennt sich Lock-in-Effekt.

Die RFID-Technik als Innovation steht in direkter Konkurrenz zu bereits etablierten Technologien, wie eindimensionale Barcodes, als auch zu neueren Technologien, den zweidimensionalen Barcodes. Der RFID-Lock-in-Effekt macht sich erst bei einer Überschreitung der kritischen Masse von Anwendern bemerkbar und veranlasst Unternehmen diese Technologie auch in mehreren Bereichen zu implementieren und dies bei gleichzeitiger Entwicklung der Infrastruktur.[49]

Es ist denkbar, dass bei steigenden Anwenderzahlen von RFID und immer größer und komplexer werdenden RFID-Systemen, die Gefahren und Risiken für solche Systeme steigen. Dies könnte damit begründet werden, dass es für Angreifer attraktiver wird damit noch größere Schäden anzurichten.

Die Sicherheitslage von RFID muss auch rechtlich thematisiert werden.

5. Rechtliche Grundlagen in Bezug auf Datenschutz und RFID

Durch technische Innovationen in der Informationstechnologie, entstehen auch im juristischen Rahmen neue Herausforderungen, die zu bewältigen sind.

---

[47] vgl. Kern (2006), S.33
[48] vgl. Kaspar (2006), S.1
[49] vgl. Strassner (2005), S.129

Durch das Bundesdatenschutzgesetz (BDSG) ist die Speicherung und Vervielfälti-
gung personenbezogenen Daten geregelt. In dem BDSG sind bedeutsame Grund-
sätze in Bezug auf

- das Recht auf informelle Selbstbestimmung,
- das Recht auf Offenlegung der erfassten Daten,
- Zweckbindung der Daten,
- das Prinzip der Erforderlichkeit und
- die Erfordernis der Einwilligung des Betroffenen

zu finden.[50] Grundsätzlich sind aber bei mobilen Speichermedien mit automatisierter
Verarbeitung die betroffenen Personen über ihre personenbezogenen Daten in
Kenntnis zu setzen. Die auf den Transpondern gespeicherten Identifikationsnum-
mern sind noch keine personenbezogenen Daten. Wenn allerdings diese Daten mit
personenbezogenen Datensätzen aus dem Backend verknüpft werden, ohne Zu-
stimmung der betroffenen Personen einzuholen, ist es nach dem BSDG rechtswid-
rig.[51] Um diese Verknüpfung zu gewährleisten können, wäre eine mögliche Lösung,
ein Identifikationsmerkmal in Form einer Kundenkarte (z.B. Payback) oder ein bio-
metrisches Merkmal einzusetzen.[52]

Regelungen zum Schutz der Persönlichkeitsrechte liegen im Verantwortungsbereich
der Datenschutzbeauftragten der Bund und Länder. Diese zeigen auch entsprechen-
de Regeln auf. Zusätzlich zu diesen Regelungen sollten Prinzipien der Transparenz,
Vertraulichkeit, Zweckbindung und Datensparsamkeit eingehalten werden.[53]

Die Datenschutzbeauftragten des Bundes und der Länder fordern nicht nur konzepti-
onelle Regelungen, sondern auch technische.

Die Transparenz muss umfassend gewährleistet werden. Das bedeutet, dass alle
betroffenen Personen in Bezug auf den Verwendungszweck und Inhalt der RFID-
Transponder in Kenntnis gesetzt werden und darüber hinaus über die Kommunikati-
onsvorgänge (Transparenz) informiert werden. Der heimliche Einsatz von RFID-Tags
ist nicht gestattet. Es müssen Verschlüsselungstechniken entwickelt werden, die das
Abhören der Datenübertragung erheblich erschweren oder gar unmöglich machen.

---

[50] vgl. BSDG §6c
[51] vgl. 72. Konferenz der Datenschutzbeauftragten (2006),URL siehe Literaturverzeichnis
[52] vgl. Bundesministerium für Bildung und Forschung (2007), S. 20, URL siehe Literaturverzeichnis
[53] ebenda, S. 31

Technisch soll die Möglichkeit bestehen, den RFID-Tag dauerhaft zu deaktivieren, d.h. die gespeicherten Daten zu löschen, besonders dann, wenn sie nicht mehr gebraucht werden.[54]

5.1 Bedrohungslage und Sicherheitsrelevanz von RFID

Wie oben schon beschrieben, werden in einem RFID-System Daten zwischen einem Transponder und einem Lesegerät übertragen. In jedem System gibt es Schwachstellen, die unterschiedliche Missbrauchs- und Angriffsmöglichkeiten bieten, Abbildung 3 zeigt, wie Angriffe beim Transponder, beim Lesegerät, bei der Schnittstelle oder im Backend (Datenbank) erfolgen können.

Bei der Analyse der Datensicherheit sollten alle Angriffspunkte und –arten berücksichtigt werden.

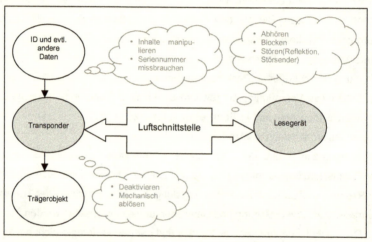

Abbildung 3: Angriffsmöglichkeiten / Schwachstellen eines RFID-Sysytems[55]

Auch wenn RFID weit verbreitet ist, befindet sich diese Technologie und Anwendungen in der Aufbauphase. Das bedeutet aber auch, dass die Bedrohungen sich ebenfalls in der Entwicklungsphase befinden, was sie aber nicht harmloser erscheinen lässt. Potentielle Angreifer werden wegen der größeren Verbreitung von RFID im

---

[54] vgl. 72. Konferenz der Datenschutzbeauftragten (2006),URL siehe Literaturverzeichnis
[55] vgl. in Anlehnung an das Bundesamt für Gesundheit (2005), S. 31 URL siehe Literaturverzeichnis

11

Alltag neue Angriffsarten entwickeln. Dies spiegelt eine ähnliche Entwicklung, wie die des Internets wider, wo mit zunehmender Verbreitung auch die Unsicherheit steigt.[56] In RFID-Systemen kann Datensicherheit folgende Bereiche umfassen: Integrität, Verfügbarkeit und Vertraulichkeit von Daten.

In diesem Kontext bedeutet Integrität, dass Daten während der Bearbeitung widerspruchsfrei, unverfälscht und vollständig bleiben. Datenübertragungsmechanismen müssen sicherstellen, dass Daten nach dem Sendevorgang nicht mehr verändert oder gelöscht werden können. Sie müssen richtig, vollständig transferiert und gespeichert werden.[57]

Ein Beispiel dafür wäre, wenn ein Angreifer unbefugt etwas auf einen Transponder schreibt und beim spätern Auslesen des Tags der verfälschte Inhalt an das Backend weitergegeben wird. Die Integrität wäre ebenfalls nicht gewährleistet, wenn der RFID-Tag unberechtigt entfernt und ersetzt werden würde. Das Lesegerät empfängt dann gar keine oder gefälschte Inhalte.[58]

Verfügbarkeit bedeutet, dass Dienste und Systeme in Betrieb sind und Daten zur Verfügung stehen. Dies kann durch technische Ausfälle (Denial of Service) und Angriffe gefährdet werden, in dem z.b. die Datenverbindung zwischen einem Lager und dem Rechenzentrum unterbrochen wird. Aus diesem Grund ist die Verfügbarkeit ein sicherheitsrelevanter Aspekt.[59]

Die Vertraulichkeit von Daten ist gewährleistet, wenn diese von Unbefugten nicht abgefangen, überwacht oder bearbeitet werden können. Besonders wichtig ist Vertraulichkeit bei schützenswerten Daten bzw. personenbezogenen Daten wie z.B. die biometrischen Daten auf Reisepässe. Ein großes Problem bereitet das Mitschneiden (Aufzeichnen) der Übertragung der Daten zwischen Transponder und Lesegerät, da es oft ein rein passiver Angriff ist und nicht sofort aufgespürt werden kann. Beispielsweise könnten Angreifer RFID-Reisepässe unbemerkt auslesen und klonen, was zu Lasten der Fälschungssicherheit geht.[60]

Nach der RFID-Studie 2007 des Bundesministeriums für Bildung und Forschung zufolge, konzentrieren sich derzeit die Automobilhersteller auf die Industrietauglichkeit und Funktionssicherheit der RFID-Technologie. Bei der Implementierung der RFID-

[56] vgl. Bundesamt für Gesundheit (2005), S. 31 URL siehe Literaturverzeichnis
[57] vgl. Bundesamt für Bildung und Forschung, S. 29, URL siehe Literaturverzeichnis
[58] vgl. Bundesamt für Gesundheit (2005), S. 19ff, URL siehe Literaturverzeichnis
[59] ebenda, S. 31
[60] ebenda, S. 32

Technologie in der Produktion und einem unternehmensübergreifenden Einsatz von Transpondern, wird die Informationssicherheit noch mehr an Bedeutung gewinnen. Um gravierende Störungen in der Produktion zu verhindern sind besonders hohe Anforderungen an Datenintegrität und Verfügbarkeit zu stellen. Der Einsatz von RFID-Technologie in der Automobilindustrie wird nur dann erfolgreich sein, wenn die Forschung und Entwicklung der kryptographischen Prozesse zur Authentisierung und Verschlüsselung vorangetrieben wird und zur gleichen Zeit eine Stückkostensenkung der Transponder stattfindet. [61]

Hingegen wird der Einsatz von RFID im Handel nur dann Akzeptanz finden, wenn hardwarebasierende Sicherungsprozesse und fälschungssichere Schlüssel entwickelt und eingesetzt werden. Die Funktionssicherheit bildet einen großen Bestandteil des Sicherheitskonzepts eines RFID-Gesamtsystems in Supply-Chain-Anwendungen. [62]

5.2 Angriffsmöglichkeiten und Gegenmaßnahmen

Die Angriffsmethoden auf RFID-Systeme sind sehr unterschiedlich, je nach dem welches Ziel der Angreifer verfolgt. [63] Ein mögliches Ziel wäre die Störung oder der Missbrauch von Systemen und das Überwinden der Sicherheitsmechanismen aus privaten oder persönlichen und geschäftlichen Gründen. Als konkretes Beispiel ist Industriespionage zu erwähnen. Dem Angreifer bieten sich auch Möglichkeiten in den Besitz von geheimen oder vertraulichen Daten zu erlangen, die mittels der RFID-Technologie übertragen werden. [64]

Eine bekannte Angriffsmöglichkeit stellt das sog. Sniffing dar, wobei der Angreifer unbefugt im Besitz von vertraulichen Daten gelangt. Praktisch kann dies auf zwei Wege durchgeführt werden: Durch das heimliche Abhören einer bestehenden Kommunikation zwischen einem Lesegerät und einem Transponder oder das Auslesen des RFID-Chips mit einem gefälschten Lesegerät (unauthorised reading). Um Sniffing entgegen zu wirken, kann das System mit Lese-, Schreibrechten und adäquate Authentisierungsmechanismen geschützt werden.[65]

[61] vgl. Bundesministerium für Bildung und Forschung (2007), S. 4, URL siehe Literaturverzeichnis
[62] ebenda, S. 4
[63] vgl. Garfinkel, L. (2005), S. 34
[64] vgl. Bundesministerium für Bildung und Forschung (2007), S. 25, URL siehe Literaturverzeichnis
[65] ebenda, S. 15

Während beim Sniffing die Daten nur abgehört werden, werden bei „Spoofing-Angriffen" die Daten auch manipuliert bzw. geändert. Hierbei sind die Angriffsziele differenziert anzusehen – von dem Auslesen der RFID-Identifikationsnummer bis zu diversen anderen Daten auf dem Chip.[66] Allerdings können hier dieselben Sicherheitsmechanismen greifen, wie beim Sniffing. [67]

„Replay-Angriffe" zeichnen sich dadurch aus, dass Daten der echten Kommunikation abgefangen werden und zu einem späteren Zeitpunkt wieder eingespeist werden. Hierbei wird die Präsenz eines Transponders zu einem in der Zukunft liegenden Zeitpunkt vorgetäuscht.[68] Diese Angriffe können durch eine dynamische Verschlüsselung verhindert werden, indem die verbundenen Parteien mit symmetrischen Sitzungsschlüsseln verschlüsselt und entschlüsselt werden. Darüber hinaus sollten die Daten mit einer Prüfsumme hinterlegt werden und in derer Berechnung ein Sequenzzähler berücksichtigt wird.[69]

Darüber hinaus können RFID-Systeme auch durch Schadsoftware (Malware) beeinträchtigt werden, indem anders als gewöhnlich zusammengesetzte Daten eines Transponders einen „Buffer-Overflow" auslösen. [70] Buffer-Overflow-Angriffe machen sich Schwachstellen zu Nutze, die bei einer achtlosen Programmierung entstehen. Das Hauptmerkmal dieser Angriffe ist das Einlesen oder Schreiben von Daten in nicht dafür vorgesehene Bereiche, ohne das eine eingehende Prüfung dieser Daten stattfindet. [71]

Außerdem bestehten Möglichkeiten der „SQL-Angriffe" durchzuführen, indem SQL-Befehle an das Backend versendet werden. Diese werden dann vom Server ausgeführt und die Datenbank kann manipuliert bzw. sogar gelöscht werden.[72] SQL steht für Structured Query Language und ist eine nichtprozeduale Abfragesprache für Datenbanken. Das bedeutet, dass sie keine Schleifen, Unterprogramme usw. beinhaltet, was sie zu keiner „echten Programmiersprache" macht.[73]

Allgemein bestehen Möglichkeiten, die auf einem RFID-Tag gespeicherten Daten und Anwendungen durch diverse Authentisierungsmechanismen vor unbefugtem

[66] vgl. Bundesministerium für Bildung und Forschung (2007), S. 16, URL siehe Literaturverzeichnis
[67] ebenda, S. 21
[68] ebenda, S. 16
[69] ebenda, S. 35
[70] vgl. Rieback, M. (2006), S. 169-179
[71] vgl. Eckert, C. (2007), S. 43
[72] vgl. Rieback, M. (2006), S. 169-179
[73] vgl. Ebner, M. (2002), S. 9

Zugriff zu bewahren. Ein erfolgreicher Authentisierungsmechanismus verhindert dann die Ausführung bestimmter Befehle nach gewissen Zugriffsberechtigungen. Dies kann durch passwortgeschützte Authentifizierung oder durch kryptographische Verfahren erfolgen. Letzteres macht sich das „Challenge-Response-Verfahren" zu Nutze, wobei die Gegenseite vorher eine Zufallszahl anfordert. [74] Bei Challenge-Response-Techniken wird nicht nur einfach das geheime Passwort zum Rechner übertragen, sondern bei jedem Login ein neues Passwort generiert. Das zu identifizierende Subjekt bekommt dann eine Folge von Fragen zugespielt, die es korrekt zu beantworten hat. Banken nutzen dieses Authentifizierungverfahren für das Internetbanking. [75]

7. Fazit

Das Dilemma zwischen der Informationssicherheit und dem Schutz der privaten Umgebung in RFID-Umgebungen wird noch lange bestehen bleiben. Eine angemessene Lösung ist daher höchst unwahrscheinlich, wenn im Vordergrund das Ziel einer Kostenminimierung der Transponder steht. [76]

Der Datenschutz als Prämisse für nachhaltigen Erfolg in Unternehmen wird vor allem vom europazuständigen Datenschutzbeauftragten propagiert. [77] Der Einsatz von RFID-Technologie muss daher verhältnismäßig sein, um das Engagement von Institutionen, Verbänden und Wirtschaft zu wecken.

Es gibt bereits Vorschläge den Datenschutz als Werbemittel und somit als Wettbewerbsvorteil zu nutzen[78]. Zum Beispiel könnten Kunden an einem Gütesiegel erkennen, wie ein Unternehmen die Thematik des Datenschutzes und –sicherheit behandelt und so sich selbst ein Bild davon machen. [79]

Dann kann es auch sinnvoll sein, einen Markt zu etablieren und dadurch den Datenschutz des RFID zu verbessern. [80]

Die europäischen Normen zum Datenschutz sind so umfangreich formuliert und ausgelegt, dass sowohl RFID als auch zukünftige Entwicklungen, die identische Daten-

---

[74] vgl. Bundesministerium für Bildung und Forschung (2007), S. 31, URL siehe Literaturverzeichnis
[75] vgl. Eckert, C.(2007), S. 451
[76] vgl. Unabhängiges Landeszentrum für Datenschutz, S . 287
[77] vgl. Steele, J.(2005), S. 8
[78] vgl. Roßnagel, A. (2005), S. 71-75
[79] vgl. Holznagel, B., Bonnekoh, M. (2007), S. 417
[80] vgl. Toutziaraki, T. (2007), S. 112

15

schutzproblematik aufwerfen, eingeschlossen werden. Weitere RFID-spezifische Regelungen sind aber trotzdem notwendig.[81]

Dieses Fazit zielt darauf ab, dass je stärker dieses Thema die Sphäre der Grundrechte bzw. der Persönlichkeit tangiert, desto umfangreicher und genauer muss es gesetzlich verabschiedet werden.[82] Gerade bei technischen Innovationen ist besonders auf dies zu achten.[83]

Eine mögliche Lösung des Problems formulierte bereits Clark 2005, er sagte, dass die Antwort auf die Maschine selbst in der Maschine liege. [84]

[81] vgl. Toutziaraki, T. (2007), S. 112
[82] ebenda, S. 112
[83] vgl. Weichert, T. (2003), S. 1953
[84] vgl. Clark, C. u.a. (2005), S. 139

Literaturverzeichnis

Acatech, Red.: Pape, J. **(2006)**, RFID wird erwachsen – Deutschland sollte die Potentiale der elektronischen Identifikation nutzen, Stuttgart 2006

Bundesministerium für Bildung und Forschung (2007), Technologieintegrierte Datensicherheit bei RFID-Systemen, http://www.sit. Fraunhofer. de/fhg/Images /RFID-Studie2007_tcm105-97982.pdf, Zugriff am 17.11.2008

Bundesamt für Gesundheit (2005), Handlungsbedarf im Zusammenhang mit RFID-Technologie, http://www.bag.admin.ch/ themen/strahlung/ 00053/02644/04794 /index.html?lang=de&download=M3wBUQCu/8ulmKDu36WenojQ1NTTjaXZn qWfVpzLhmgfhn apmmc7Zi6rZnqCkkIZ9 gneBbK bXrZ2l htTN34al3p 6YrY7P1oah162 apo3X1cjYh2+hoJVn 6w==, Zugriff am 22.10.2008

Bundesamt für Sicherheit in der Informationstechnik (2004), Risiken und Chancen des Einsatzes von RFID-Systemen, www.bsi.bund.de/ fachthem/rfid/RIKCHA. pdf, Zugriff am 14.11.2008

Brockhoff, K. (1999), Forschung und Entwicklung, 5. Auflage, München und Wien

Burr, W., Musil A., Stefan, M., Werkmeister, C. (Unternehmensführung), Unternehmensführung – Strategien der Gestaltung und des Wachstums von Unternehmen, München 2005

Clark, C., Bing, J., Dreier, T. (2005), The answer to the machine is the machine, München 2005

Ebner, M. (SQL), SQL lernen: Anfangen, anwenden, verstehen, 2. Auflage, Berlin 2002

Eckert, C. (IT-Sicherheit), IT-Sicherheit – Konzepte, Verfahren, Protokolle, 5. Auflage, Darmstadt 2007

Emerald Group Publishing Limited (o.J.), auf den Seiten der Emerald Group Publishing Limited, http://www.emeraldinsight.com/fig/2630220402001.png, Zugriff am 13.11.2008

Finkenzeller, K. (2006), RFID-Handbuch, Grundlagen und praktische Anwendungen induktiver Funkanlagen, Transponder und kontaktloser Chipkarten, 4. Auflage, München, Wien 2006

Fleisch, E. (2001), Was bringt die nächste Technologiewelle? Wenn Dinge denken lernen, Zugriff am 27.11.2008 http://www.m-lab.ch/pubs/Akzente_01efl.pdf

Garfinkel, A., Juels, R. Pappu (2005), RFID Privacy: An Overview of Problems and Proposed Solutions

Gaßner, K., Koch, O., Weigelin, L., Deiters, W., Ritz, A., Kaltenborn, R. (2006), Einsatzbereiche und Potentiale der RFID-Technologie im deutschen Gesundheitswesen, Stuttgart 2006

Gerybadze, A. (2002), Technologie, Strategie und Organisation (unveröffentlichtes Manuskript), Universität Hohenheim, S. 23

Gillert, F., Hansen, W.R. (2007), RFID für die Optimierung von Geschäftsprozessen, München, Wien 2007

Hauschildt, J. (1997), Innovationsmanagement, 2. Auflage München

Higgins, M., Wiese, G. (1998), Innovationsstrategien – Potentiale ausschöpfen, Ideen umsetzen, Marktchancen nutzen, Stuttgart 1998

Hunt, V.D., Puglia, A., Puglia, M. (2007), RFID – A guide to radio frequency identification, Hoboken, New Jersey 2007

Infineon **(o.J.),** auf den Seiten der Infineon AG, http://www.infineon.com/export/sites/default/media/press/Image/migration/RFI D-Tag_HiRes.jpg, Zugriff am 12.10.08

Kaspar, C. (2006), Überblick über RFID Technologien und –anwendungen, in Schumann, M. (Hrsg. 2006), Arbeitsbericht Nr.8/2006, Institut für Wirtschaftsinformatik, Georg-August-Universität Göttingen, Göttingen 2006

Kern, C. (2006), Anwendung von RFID-Systemen, 1.Auflage, Berlin, Heidelberg 2006

Konferenz der Datenschutzbeauftragten (2006), Verbindliche Regelungen für den Einsatz von RFID-Technologien, http://www.sachsen-anhalt.de /LPSA/ index.php? id=20563, Zugriff am 13.11.2008

Lampe, M., Flörkemeier, C., Haller, S. (2005), Einführung in die RFID-Technologie, in Fleisch, E., Mattern, F. (Hrsg. 2005), Das Internet der Dinge – Ubiquitous Computing und RFID in der Praxis, Berlin, Heidelberg 2005

Lolling, A. (2003), Identifikationssysteme in der Logistik, München 2003

Melski, A. (2006), Grundlagen und betriebswirtschaftliche Anwendungen von RFID, in Schumann, M. (Hrsg. 2006), Arbeitsbericht Nr.11/2006, Institut für Wirtschaftsinformatik, Georg-August-Universität Göttingen, Göttingen 2006

Oberholzer, M. (2003), Strategische Implikationen des Ubiquitous-computing für das Nichtleben-geschäft im Privatkundensegment der Assekuranz, München 2003

Unabhängiges Landeszentrum für Datenschutz (2008), TAUCIS - Technikfolgenabschätzung Ubiquitäres Computing und Informationelle Selbstbestimmung, S. 287

Specht, G./Beckmann C. (F&E), F&E Management, Stuttgart 1996

Steele, J., European Data Protection Supervisor (2005), Jahresbericht 2005, in: Jahrebericht 2005, S. 8

RFID Support Center (o.J.), Grundlagen der RFID-Technolgie, auf den Seiten der Fraunhofer-Gesellschaft zur Förderung der angewandten Forschung e.V. Institut Materialfluss und Logistik, http://www.rfid-support-center.de/file.php?mySID=b7fc5855e508a6b73823b660371f4f00&file=/Broschuere_Grundlagen_RFID.pdf&type=down, Zugriff am 13.09.2008

Rieback, M., Crispo, B., Tanenbaum, A. S. (2006), Is your cat infected with a Comuter Virus?, 4. IEEE Int. Konf. für Pervasive Computing und Communications., S. 169-179

Roßnagel, A. (Hrsg., 2003), Handbuch Datenschutzrecht, Die neuen Grundlagen für Wirtschaft und Verwaltung, München 2003

Roßnagel, A. (2005), Modernisierung des Datenschutzrechts für eine Welt allgegenwärtiger Datenverarbeitung, in: Multimedia und Recht, 2005, S. 71-75

Seifert, D. (2006), Efficient Consumer Response, in Zerres, M. (Hrsg. 2006), Hamburger Schriften zur Marketingforschung, 4.Auflage, München, Mering 2006

Schulte, C. (2005), Logistik – Wege zur Optimierung der Supply Chain, 4. Auflage, München 2005

Schmidt, D. (2006), RFID im Mobile Supply Chain Event Management, Wiesbaden 2006

Strassner, M., Plenge, C., Stroh, S. (2005b), Potenziale der RFID-Technologie für das Supply Chain Management in der Automobilindustrie, in Fleisch, E., Mattern F. (Hrsg. 2005), das Internet der Dinge, 1.Auflage, Berlin, Heidelberg 2005

20

Toutziaraki, T. **(Herausforderung für den Datenschutz),** Ein winzig kleiner Chip, eine riesengroße Herausforderung für den Datenschutz, in: Datenschutz und Datensicherheit (Hrsg., Bizer) 2007, S. 5-7

Pflaum, A. **(2006)**, Technologie als Enabler für selbststeuernde Prozessketten: Evolution oder Revolution - vom ,,Smart Label" zum autonomen ,,Smart Object", in Engelhardt-Nowitzki, C., Lackner E., Chargenverfolgung , Wiesbaden 2006

Vogt, **R.** **(2005),** Industriebedarf, Innovationstreiber Handel, http://fzarchiv.sachon.de/index.php?pdf=Fachzeitschriften/Industriebedarf/200 5/05_05/ IB_05-05_14-16_Innovationstreiber_Handel.pdf, Zugriff am 15.09.2008

Weichert, T. (2003), Chipkarten, in: Roßnagel, A. (Hrsg., 2003), S. 1953-2001

Zahn, S. (2007), Einsatzmöglichkeiten von RFID in Bibliotheken, Wiesbaden 2007